AF465749

LE MERCIER INVENTIF.

PASTORALE.

LE SACRIFICATEVR.
FLORIDON.
MELIDOR.
FLORICE.
CALIANTE.
LE MERCIER,
MERCVRE.

A RROYES,

Chez Nicolas Oudot, demeurant en la ruë nostre Dame, au Chappon d'Or Couronné.

M. DC. XXXII.

LE MERCIER INVENTIF.

PASTORALE.

ACTE I.

Sacrificateur.

ENfans apres auoir de vos pointus
Esgorgé cent moutons, cent boucs, & cent taureaux,
Auoir dessus l'autel toute flamme desteinte,
Et au sang respandu toute vostre main teinte;
Apres l'auoir lauée au cristal de ces eaux,
Allez tous caroler souz les feuilles ormeaux:
Mais auant que partir, enfans ie vous commande,
D'apprendre auec honneur chacun vostre guirlande
Sur cet autel de Pan rechaussé de gason,
Tout parsemé de Fleurs, & ceint d'vne toison,
Puis allez folastrer auec vos guirlandes
Vous aurez au Dieu Pan offertes pour offrandes.

Le Mercier.

Comme vn marchãt Mercier trafiquant sur les mers
I'ay veu de mon grenier maints pays estrangers,
I'ay passé Canada, Vaugirard, Hetrurie,
Mont-marthe, Papagosse, & toute la Suerie:

I'ay veu les plus grands monts herissez de forests,
Plus hautes que le fond de nos plus creux retraits:
On se traicte bien là franchement on y baille
Pour vn œuf tout entier vne botte de paille,
Est-ce pas bon marché? on n'y mange point d'os,
Le mouton croist tout cuit, le vin croist dans les pots,
Les ruisseaux sont de lait, les monts sont de fromage:
Si bien que tout ainsi qu'en vn cul de mesnage,
Vous y auez tousiours à boire & à manger,
De là ie suis venu en ce bois estranger:
Hé que voila de gens! ça que ie les contemple,
Se sont tous les bergers qui celebrent au temple
La feste du Dieu Pan: ie suis fortunement
Arriué en ce lieu pour vendre promptement
Toute ma mercerie, auecques ma banette.

Le Sacrificateur.

Pourquoy tardez vous tāt? qu'est-ce qui vo' arreste?

Floridon.

C'est trop tardé ie, veux le premier du troupeau
D'vn osier attacher mon chapeau,
Pan, reçoy d'vne main telle
Que ie t'offre d'vn bon zele,
Ce chapeau fait de laurier
Que ie gaignay le iour d'hyer
A Ianot ce braue chantre
Ioüant nous deux dans vn antre.

Melidor.

I'apprends sur ton autel ô grand Dieu des Pasteurs,
Ce chapeau nompareil pour ses diuerses fleurs.

Florice.

Et moy humble ie te presente
Ceste couronne d'amaranthe,

Caliante.

Pan, ie te prie, de moy
Ce petit chasteau recoy,
Que i'ay façonné de roses
Qui sont ce matin escloses.

Le Sacrificateur.

Moy ie t'apprendray aussi
Ce chapeau fait de soucy.

Le mercier.

Moy mon manteau à ma banette
Mon ioly feutre à ma brayette,
Puis que dedans les champs bocagers
Faut faire comme les Bergers.

Le Sacrificateur.

Mais c'est trop retardé, sus enfans, qu'on carole
Au melodieux chant d'vne douce parole.

Floridon.

C'est bien dit au doux son de vos mignardes voix,
Belles allons dancer souz la fraischeur des bois.

Le mercier.

Ha, ie les voy venir puis-que ie les aduise,
Ie veux les abordant crier ma marchandise:
Voila des oignons, des mouchoirs,
Des asperges, des esgrugeoirs,
Des espingles, des esguillettes,
Des peignes de bouis, des tartelettes,
Des beaux fuseaux, des deuanteaux,
Des beaux ciseaux, des beaux couteaux,
Des vieils couurechefs, des chartieres,
Des grands valets, des chambrieres,
Des beaux estuits, des lacets blancs,
Des caillettes, des viuolents,

De l'ancre, du papier, des plumes,
Des ganiuets, des tranches plumes,
Des torcheculs, des curedents,
Des coupe-bourses, des pendans,
Des cordons, des belles ceintures
Des malle-bosses, des iniures,
Des fieures quartaines à prendre tout,
Des clisteres d'amour au bout,
Du fil, des fuseaux, des quenouilles,
Des rets, des connils, des andouilles,
Des corbillons des manequins,
Des vilbrequins, de vieux engins.

Floridon.

Dieux comment il crie haut.

Melidor, C'est selon la maniere.

Floridon.

Il vient fort à propos, afin qu'à ma Bergere,
Ie puisse presenter quelque chose de beau.

Florice.

Mon Berger, donne moy quelque mignard fuseau.

Floridon.

Mercier qu'as-tu de beau pour vne ieune fille.

Mercier

Mon maistre approchez vous, i'ay vne piece vtile
Pour couurir le deuant de ces rares beautez.

Florice.

Sont quelques deuanteaux que tu as apportez.

Mercier.

Non, ce sont des bastons de canelles sucrées,
Où pendent d'vn costé deux muguettes cendrées.

Florice.

Et bien est-ce la tout?

Mercier. Nenny, nenny, vrayment,
Car ie conçerue icy vn fort long diament,
Deux turquoises y sont & vn ruby sauuage,
Bien que i'aye tout pris en ce proche village,
Si l'ay-ie toutes-fois esté querir bien loing,
Ha si vous l'auiez veu bien poly, bien en point,
Deslors vous voudriez en orner vos boutiques,
Prenez le mon teton, ha tout beau tu me picques,
O doux gason de laict: mais se sentant toucher
Ainsi comme l'ortie il fait leuer la chair.

Florice.

Bergers nous voyons bien que vous n'auez enuie
De nous faire present de quelque mercerie.

Floridon,

Il ne tient pas à nous, choisissez seulement,
Croyant qu'il vous sera deliuré promptement.

Caliante.

Mercier monstre nous donc quelque chose gentille
Commode pour orner quelque Bergere fille.

Mercier.

Maniez, desployez, voila vostre vray fait,
Chacune maintenant desploye son pacquet.

Florice.

Mais cela est-il propre à quelque femme ou fille?

Mercier.

La femme en nos pays le trouue fort vtille,
Et en prend le matin pour d'esteindre le feu
Quand elle l'a au cul, soufflez tastez vn peu.

Floridon.

Las, d'où vient que charmé des yeux de ma Clorice,
Ie ne puis en amour choisir vne autre Erice?

Florice.

Le Mercier inuentif.

Ma Caliante allons reuoir nostre troupeau,
Et quittons ce Mercier, car il n'a rien de beau.

Floridon.

Allez y Melidor, ie ne tarderay gueres
A porter vn present à vous & aux Bergeres.

Florice.

Gardez bien d'y faillir.

Floridon. Auant que d'y manquer,
Vous verrez la brebis quelque loup attaquer.
L'amour tant de brasier en mon cœur estincelle,
Qu'il faut qu'a ce Mercier ores ie me decelle.
Mercier, ie croy qu'ayant veu mille nations,
Ton esprit doit trouuer maintes inuentions,
Pource I'ose te dire vne chose secrette,
Mais ie crains que tu n'aye vne longue indiscrette.

Le Mercier.

Ne craignez point cela, m'ouurant vostre secret
Estimez le caché comme dans vn retrait.

Floridon.

Amour des traits vainqueurs de Florice m'entame,
Et de mon cruel mal seule elle est mon dictame,
Et plus ie suis blessé ie cheris sa beauté.

Mercier.

Moy i'ayme beaucoup mieux le goust d'vn bō pasté.

Floridon.

Mercier aduise tost si par quelque maniere,
Tu peux me mettre és mains ma cruelle Bergere.

Mercier.

Ne vous trauaillez plus, ie suis le Medecin
Qui dois guarir en bref vostre amoureux fercin,
Assurez-vous sur moy, car par ma vigilance,
I'adouciray du mal la prompte violence.

Floridon.

Mercier puis qu'il te plaist ores me secourir,
Ie m'en vay promptement dans ma loge courir
Pour apprester des noix, des pommes & des meures,
Vié m'y doncques trouuer, ie te prie en peu d'heures.

Mercier.

Ie n'y manqueray pas, ha que ie suis ioyeux,
De rencontrer ainsi vn si bel amoureux:
Mais d'où vient cestuy-cy qui souspirant à peine
Chemine lentement le long de ceste plaine?

Melidor.

Amour cruel amour, source de mes trauaux,
Veux-tu pour donner tresue à tes cruels assauts?
Que dis je, les oyseaux de leurs voix gracieuses,
Nous tesmoignent assez leurs flammes amoureuses:
Le poisson plein d'amour fend l'eschine des eaux,
Et sur nos tapis verds sautellent nos troupeaux,
Et le taureau sentant ce feu dedans ses veines,
Muglant, court vagabond sur le long de nos plaines:
Et moy sentant ce feu embraser nos esprits,
Pourrois-je n'estre point d'vne beauté espris?

Le mercier.

Berger laisse tes plains, instrument de ton ayde,
Ie sçauray à ton mal appliquer vn remede.

Melidor.

Mercier dedans ma loge entre donc auec moy,
Car ie vous veux traicter ainsi qu'vn petit Roy.

ACTE II.

Le Mercier.

DEliuré de tout soing, gay, gaillard & dispos,
Prest de boire le vin & vous laisser les pots,
Prest de riffler les plats qui sont en la cuisine,

Et prest le bricoller quelque belle Cyprine
Dans les creux de ce bois: croyez que le Mercier,
S'en tirera plustost qu'vn pourceau d'vn bourbier.
Hé Dieux que de plaisir à branler la moustache,
A dancer du menton au son d'vne fouache,
Et se remplir de laict, & n'entreprendre point:
D'outre œuure que garnir le moule du pourpoint:
Ouy, ie le dis encor, qu'il n'est plaisir ne guise
Ou plustost qu'en cetuy ie me misse en chemise:
Qu'on ne me vante plus l'estat des amoureux,
Ton amour, ô mercier, est beaucoup plus heureux,
Encor que de l'amour ie gaigne mieux ma vie
Que non pas trafiquant auec ma mercerie:
Toutes-fois i'ayme mieux estre nourry de laict
Que de mourir de fain & d'estre amant parfaict:
Ie voy deuant mes yeux deux amans de nature,
Auecques la douleur que chacun d'eux endure
Pour leur obiet aymé se gesnent de la faim,
Pendant qu'à mon profit ie mange tout le pain,
Comme vn bon Aduocat vn chacun d'eux m'honore
Me cherit, me respecte, & si me donne encore
Ses chastaignes, ses noix, & ses bouillons plus doux
Que ie mange pour eux & digere pour vous,
Sus donc petit amour blesse les d'auantage,
Plus ils auront de mal, plus i'auray de fromage,
Pour leur auoir promis, & qui plus leur promets
Des filles de Celine à la fin rendre aymez,
Donc viue le mercier, viue la mercerie,
Viue les amoureux, viue la laicterie,
Courage viue tout & que l'on a de mal
A retirer le frein de ce gros animal!
Vrayement il estoit temps que le pas ie hastasse,

Le mercier inuentif.

Voicy ia vn berger qui vient à la pourchasse:
Il est bien esueillé, le cul luy trotte bien.

Floridon.

Dieu te garde mercier.

Mercier. Et vous de mort de chien.

Floridon.

Et bien, quand vous plaist-il selon vostre promesse
De me faire iouyr de ma belle maistresse?

Le mercier. Tantost.

Melidor. Bon iour mercier, & bien?

Le mercier. Ha Dieu vous gard.
Vrayment vous auez tort de vous leuer si tard,
Le iour n'est pas venu.

Melidor. Tu te gausse sans cesse:

Floridon.

Quittons là ces propos, parlons de ma maistresse,
Comme tu as promis, trouue-nous les moyens
De les rendre dans peu prises dans nos liens.

Le Mercier.

Elles doiuent venir s'esbatre en ceste plaine,
Apres auoir serré leur troupeau portelaine:
Et ie me trompe fort si dans ce bois prochain:
Ie n'entends leur parler, sont-elles pour certain,
Cachez vous en ce lieu, & ou est ma banette?
La voila Dieu mercy: Cachats, fine tablette,
Aiguilles, curedens, espingles, pelotons,
Couuercles à lexiue, escuelles, hannetons,
Achetez, achetez, aussi bien ie veux vendre.

Florice.

Ha i'entends ce Mercier, allons vers luy nous rendre

Caliante.

Vrayement ie le veux bien.

Floridon. Pante garde Mercier,
Qu'as-tu là de nouueau?
Mercier. I'ay des gaignes d'acier,
De bons couteaux de cuir, des bottes d'alumettes.

Caliante.

Monstre nous du plus beau.
Mercier. Fouillez dans ma banette.
Florice, Combien fais-tu cela?
Mercier. Ie n'en refuse rien
Tout ce que vous voudrez, vous le sçauez si bien,
Achetez des cousteaux pour mettre en vostre guaine,

Florice.

Tu veux rire Mercier,
Mercier. Mais pourquoy tant de peine,
Receuez vous de viure hors des loix de l'Hymen?

Caliante.

Le viure en chasteté nous est vn plus grand bien.

Mercier.

Quel bien peut-on trouuer en vn arbre infertille?
Car la femme sans homme est vn trou sans cheuille,
Maison sans couuerture, estuy sans flageollet,
Bouteille sans bouchon, muy percé sans faulset,
Bref le plus grād mal'heur qu'on puisse voir est cōme
Vne table sans pain, vne femme sans homme:
Ie sçay si vous voulez que ce sera bien tost,
Qu'en vostre sainct Hymen ie rongeray les os:
Sus donc desbauchez vous, à celle fin qu'ensemble
L'Hymen chacune à vous vn gros frelaut assemble.
Florace. Tu te mocques Mercier.
Mercier. Ha non fay par ma foy:
Le bien que ie vous veux puisse tomber sur moy:
Mais vrayemēt ie cognois deux bergers tres-fidelles.

Qui se plaisent de voir vos beautez trop cruelles,
& si i'ose vanter qu'ils vous osent aymer,
Ie le cognois de veuë & ne le peux nommer.

Caliante.

Ils sont bien peu hardis, peu fournis de courage,
De ne nous descouurir l'amour qui les rauage:
Nous te prions mercier de leur dire qu'a tort
Ils traisnent amoureux vne viuante mort.

mercier. Barbets apres la Cane.

ulidor. Ha belle Caliante.

Floridon.

A tes pieds abbatu Florice mon amante,
Florice que le Ciel prodigue de ses dons,
Orne de deux Soleils dont les luysans brandons
Dissipent glorieux les glaçons de mon ame,
I'implore le remede à ce mal qui m'enflame;
Ne laisse point flestrir hostesse des taillis,
Le pourpre de l'œillet, & la neige du lis
Ornement de ce teint, charme des belles ames,
Ains amortis l'ardeur de mes cuisantes flammes,
Tu es seule qui peux mon tourment appaiser,
Donc Florice m'aymant permets moy te baiser.

Florice.

Pour gage tu deurois auoir ma foy premiere.

Floridon.

Quand l'auray-ie dis-moy ma celeste lumiere?

Florice.

Lors que les traits grandans du forgeron Vulcain,
Briseront le rameau du chantre Delphien.

Floridon.

Tu t'en fuis: mais pourtant fusse tu Atalante,
Ie t'auray à la course.

Mercier. O la suitte plaisante.
S'il se met en son rut vne fois dans ce bois,
Il en embrochera quatre ou cinq à la fois.

Melidor.

Beau soleil de nos iours, honneur de ce boccage
A qui mesme l'amour amoureux rend hommage,
N'aurez vous point pitié d'vn Berger esploré?
Ne luy octroyez vous le secours imploré?
Non non vous n'estes point vne Ourse rigoureuse,
Pour deuorer ainsi vne ame langoureuse,
Vostre extréme bonté m'asseure du secour,
Le reméde certain de mes fermes amours;
Bergere, toutesfois pour plus grand tesmoignage,
Permettez qu'vn baiser r'anime mon courage.

Caliante.

Ne precipites rien, Berger si tu me croy.

Melidor.

Permettez mettre fin au cours de mon esmoy.

Caliante.

Ie le permets soudain que la torche Delphique
Violera de noirceur le Palais Olympique.

Melidor.

O louure en cruauté, tu as beau t'eschapper
Courant legerement ie te veux attraper.

Mercier.

Apres, apres, apres, à la chasse, à la chasse,
Les bergers sont au bois, i'en vois en ceste place:
Sus, sus courons apres, tay miraut, tay briffaut,
Le voila mon vallet, pille, pille, harpaut.

Floridon.

Las! ie suis demy fol, i'enrage, ie furette.

Mercier.

Vous faictes craquetter les os de ma banette,
Vous gastez mon pourpoint:

Floridon. O mal!

Mercier. O cul, ô sang.

Floridon. O estrange malheur!

Mercier. Fromage de Milan,
Haran sol.

Floridon. Ha mercier!

Melidor. Helas ma course est vaine,
Las! Mercier i'ay perdu & mes pas & ma peine.

Mercier. Ils sont à deux de ieu.

Melidor. Las! ne te mocques point,
Ains nous donne conseil, vn salubre remede
Pour mettre fin au cours du mal qui nous possede.

Mercier.

Vrayment ie le veux bien, vous m'auez dit cent fois
Que souuent vostre dame au plus creux de ces bois
Viét poursuiure les Cerfs, & qu'en fin hors d'haleine
Se repose & vient boire au clair de la fontaine:
Là donc vous l'espierez & l'entendant venir,
Auant qu'elle vous puisse en courant preuenir,
Prenez de ceste poudre en cette boette enclose,
Et frottez le canal, lors à leure declose,
S'approchant pour y boire vn somme si profond
Retiendra ses esprits qu'on le croira au fond
De l'auerne reclus, lors mise en sepulture
Esloigné que serez de toute creature,
Vous l'irez aborder, ouurirez son tombeau,
Puis versant sur son front trois fois de la mesme eau
Elle s'esueillera: puis vous voyant seulets,
Si vous sçauez que c'est ce chasser sans fillets,
Franchissant le buisson donnez dans la tanniere,

Melidor.

O ruse fort facile, ô subtille maniere,
Ie t'en rends grace amy, ne manque à Melidor
De venir festiner auecques luy encor.

Mercier. Ie n'y manqueray pas.

Floridon. Quelle ruse subtilse?
Pour borner mes trauaux seroit autant vtille?

Mercier.

Ie veux aller trouuer l'obiect de vostre amour,
Luy dire que ie veux vous iouer d'vn bon tour,
Et que m'ayant requis d'vn conseil salutaire,
Que suiuant mon aduis, en ce bois solitaire
Vous deuez consulter l'Oracle de ces bois
Qui respond à l'accent de nos plaintiues voix,
Apres ie feray tant qu'elle qui ne respire,
Que de trouuer en vous suiet digne de rire,
Viendra dedans ce bois pour se mocquer de vous,
Contrefaire l'Echo & vous mettre en courroux,
Et lors qu'à vous respondre ell' sera attentiue,
Ie vous quitteray là, & faisant la retiue
Estendez la sur l'herbe, & amoureux Berger,
Plantez l'arbre de vie en son petit verger.

Floridon.

O salubre remede, ô Mercier ie te prie
Venir boire auec moy dedans ma bergerie.

Mercier.

O que ie suis heureux, pour estre macquereau
Ie trouue à chaque fois quelque hazard nouueau,
Ie suis tantost de nopce, ou bien tantost de feste:
Hé, hé, tout beau, tout beau, au diable soit la beste:
Ie parlois à vn pou qui veut faire vn calcu
Dessus mon parchemin des morts que i'ay au cul.

ACTE III.

ACTE III.

Melidor.

AMour cruel amour, de qui la viue flamme
Torture nostre corps & captiue nostre ame,
Iusqu'a quand inhumain martyré de tes traits
Quitteray-ie ton ioug? fuiray ie tes attraits?
Ou plustost quand veux-tu d'vne flesche benigne
Briser le cœur d'aymant de ma fiere Cyprine?
Amour si sur le bord de ce ruisseau coulant
Tu appaises l'ardeur de mon feu violent,
Si ton nom inuoquant d'vne poudre subtille
Mise au bord du canal ie dompte cette fille,
Ie te promets amour te dresser vn autel,
En ce lieu, ou l'encens bruslera immortel:
Mes vœux sont exaucez, ie voy ceste Deesse
Qui cherche le remede à la soif qui l'oppresse.

Galiante.

La chasse me plaist fort, le bois est mon plaisir,
Et seruir ma diane est mon plus grand desir:
Tantost i'attaque vn Cerf à la teste rameuse,
Ou tantost vn Sanglier à la dent escumeuse:
Et lasse de chasser, aupres de cet ormeau
Ie sauoure à long traicts le Nectar de cet eau,
Voila qui m'y conduit: mais sur ce mol riuage,
I'attendray que la soif me presse dauantage.

Melidor.

Sus fauorise amour mon loüable dessein,
A ce coup à ce coup, preste moy donc la main,
Et permets moy semer la poudre icy enclose
Au bout de ce canal pendant qu'elle repose.

Galiante.

Paresseuse c'est trop, c'est trop dormir icy,

Sans prendre aucunement de mon troupeau soucy:
Ie vay donc l'aborder, mais auant ie desire
Mettre fin à la soif qui sans fin me martyre,
O diuine Ambrosie! ô Nectar sauoureux!
O douceur emmiellée ô miel qui doucereux,
Plus qu'il n'a de coustume en vn moment appaise
De mon bruslant gosier la deuorante braise:
Mais las! helas d'où vient qu'inclinée au repos,
Morphé distille en moy le ius de ses pauots?

Melidor.

Mes vœux sont accomplis, l'entreprise est parfaite
Il semble que la mort la tienne ore subiette;
O Mercier, mon mercier que d'obligation,
A ceste heure ie dois à ton intention:
Ha le voicy venir, i'en tressaut presque d'aise.

Le mercier.

Et bien? à quoy tient il qu'on ne desteint sa braise?

Melidor.

Le temps ne le requiert mais dessouz cét ormeau
Ie veux luy esleuer vn palissant tombeau,
Puis si tost que demain l'aurore aux doigts de roses
Aura du Ciel vouté les barrieres descloses,
Ie viendray l'entrouurir, & de cest eau trois fois
Verseray sur ce front que my passe tu vois.
Sus doncques aydez moy, agence ce feuillage,
Puis que son tendre corps de ce voile on ombrage,
Pour confirmer sa mort au dos des ombres verds
Ie veux subtillement grauer cinq ou six vers.

Souz ce tombeau gist Caliante
Fille d'Orton & d'Amalante,
Couuerte de ce crespe noir:

Passant ne t'enquiers d'auantage
Comment est mort ce beau visage,
Car aucun ne la peu sçauoir.

Echo. *auoir*

Auoir, hé que dis- tu? peux- ie auoir ma rebelle?
elle
Si c'est dans peu de temps i'en suis tout resiouy,
ouy
Quand i'auray décharmé son corps au teint d'iuoire?
voire
Pendant feindray ie icy de plorer son trespas?
pas
Feignant donc l'ignorer ie vay dans ma demeure.
demeure
Que veux tu plus de moy si ce n'est vn adieu?
adieu.

Le Mercier.

Ce n'est assez d'auoir secouru ceste cy,
Floridon maintenant m'embrouille de soucy:
Or pour le faire entrer dans l'amoureuse lice,
Au coing de ce taillis i'attendray sa Florice,
Ha ie la vois venir! ie vois à mon aduis
Qu'elle seruiroit bien d'vn bon flaçon à vis,
D'vne balle ou poser toute ma mercerie,
Ie veux plaider contre elle: or en la plaiderie
Il nous faudroit produire, & soudain ie mettrois
Mes pieces dans son sac, & lors ie gaignerois.

Florice.

Ha mercier Dieu te gard, presentement ie meure
Si ie ne te cherchois il y a plus d'vne heure.

Et bien comment te va?

Mercier. Comme vn Tantalien,
Plus i'approche la chair & plus ie meurs de faim,
Mais d'vne faim d'amour qui rape en ma mouelle.

Florice.

Quoy tu es amoureux? la plaisante nouuelle.

Melidor.

Amoureux pourquoy non? n'ay-je bonne façon?
N'ay-je vn mouuement bon? & sans quitter l'arçon
Croyez-vous qu'impuissant, ma mignarde Florice,
Ie ne sçache courir la bague en vostre lice?
Ne suis-je pas ensemble vn Mars & vn Adon?

Florice.

Tu es beau, mais parlons vn peu de Floridon.

Mercier.

Ha ie le voy venir, sus que souz ce fueillage
Se cachant on responde à son plaintif langage.

Floridon.

O l'heureuse rencontre! or tu sois bien venu,
De ta promesse en fin c'est-il bien souuenu:

Mercier.

L'ombre de ce buisson eclipse ores ta Dame,
Qui l'Echo imitant vient pour mocquer ta flamme:
Elle te respondra, l'Echo encore apres,
Donc vous quittant seulets, qu'on la serre de pres,
Ie vay faire pendant l'amour à la cuisine.

Floridon.

Moy, exciter la voix de ma belle Cyprine,
Oracle des Pasteurs, Deesse de ces bois
Qui responds aux accens de nos dolentes voix,
Puisse tu quelque iour bailottant ton Narcisse
Vous embraser ainsi que Mars fait son Erice,

Dis que ie suis bruslé de l'amoureux flambeau,
Et logeant cet amour au creux de mon cerueau:

cerf veau.

Il est vray ie suis cerf en l'amoureuse rage,
Car souz les loix d'amour s'asseruis mon courage:
Ou bien comme le cerf est occis dans ces bois,
Mesme mon propre amour me reduit aux abois:
Puis ainsi que le veau beugle sa mere absente,
De Florice absente tousiours ie me lamente,
Quels sommes nous chassas ceste ardeur de nos sains

sains.

Et battus de l'amour pour suiure ses desdains?

des dains.

Quoy des dains pour aymer ses carresses folettes?

fol estes.

Et quand ie vay fuyant ses subtilles sagettes?

sage estes.

Blessé que dois-ie donc rechercher de si pres.

des cy pres.

Où seroit donc ma mort pour chercher de cy pres?

si pres.

Non ce n'est point ma mort, ains c'est plustost mon
ame,
L'objet de mon tourment qui se rit de ma flamme,
Ha ie te voy cruelle & ta mignarde voix
En fin t'a descouuerte, & bien à ceste fois
Boucheras tu l'oreille à ma plainte amoureuse?
Te contente-tu pas pour estre rigoureuse,
D'auoir comblé mon cœur d'vn million de maux,
Sans farouche venir dans ces touffus costaux,
Te rire encor de moy?

Florice. Sçais-tu pas que Dictine,

M'empesche de ployer souz le ioug de Cyprine?

Floridon.

Ma constance d'aymant n'attirera donc point
Le fer de ta rigueur qui sans cesse me point?

Florice.

Sur ma foy mon berger, ie me ris de ta peine.

Floridon.

Si est-ce toutes-fois qu'elle me sera vaine.

Florice.

Mais que te seruira de m'aymer chaque iour
Si ie ne veux flechir souz les loix de l'amour?

Floridon.

Ha c'est par trop brauer l'amoureuse puissance,
Où l'amitié ne peut, vsons de violence.

Florice.

Ha traistre que fais-tu?

Floridon. Ie ne fais encor rien,
Mais i'espere iouyr de mon amoureux bien,

Florice.

Ouy, si i'estois sans force.

Floridon. En vain tu me resiste.

Florice.

A la force Bergers, ô Dieux accourez viste,
L'on me veux violer pres ce touffu buisson.

Floridon.

Ie vous feray tantost parler d'autre façon.

ACTE IV.

Floridon.

DOis-ie paroistre au iour? osay-ie criminelle,
Opposer au Soleil ma coulpable prunelle,
Quel antre plus reclus, quel desert escarté,
Où iamais ce flambeau n'eslance sa clarté,

Me cachant logera, moy, mes cris, & la plainte
D'vne pudique ardeur cruellement despeinte?
Que ne suis-je au tombeau dessia pasture aux vers,
Sans de ma salleté infecter l'vniuers?
Mais que veut ce tombeau? que veulent sur l'escorce?
De ce chesne esleué ces vers grauez par force?
Ie presage en cecy quelques nouueaux malheurs?
Lisons les neantmoins resoluë aux douleurs.

Souz ce tombeau, &c.

O malheur! ô meschef! ô triste desespoir!
Que ma sœur soit recluse en l'auernal manoir,
Sans esperer iamais que le sort la reuiue!
Et mon honneur fletri qu'ores ie la suruiue!
Non, non, ie la suiuray: mais auant que mourir,
Qu'vn fauorable fer me viendra secourir,
Ie veux qu'vn Epitaphe en cét arbre logée
Redise le suiet de ma trame abregée.

Florice au fort de sa douleur,
Ayant creu sa sœur trespassée.
Restant sans virginalle fleur,
S'est la poictrine outrepersée.

Sus, sus doncques mourons: mais auant que la mort
Me face tresbucher sous son puissant effort,
I'attesteray le Ciel & sa lampe Delphique,
Que iamais le flambeau d'vne amour impudique,
N'embrasa mes esprits, ains qu'vn cruel Berger
Est venu malgré moy mon honneur outrager:
Mais c'est trop discouru, qu'vne lame poussée
Enuoye nostre esprit aux plaines d'Elisée.

Floridon.

Des hommes de la terre, & du ciel mal voulu,
Pour t'estre violent de luxure pollu,

Accablé de malheurs où prendras tu la fuite?
Veu mesme que ton pere est ore à ta poursuite,
Qui sacrificateur obtemperant aux Dieux,
Veut estre de ton corps le meurtrier odieux?
I'ignore quel ie suis en ce malheur extresme,
Tant ie vay redoutant la puissance supresme.

Mercier.

Mais aduançons chemin, de peur que le vieillard
Ne nous trouuant icy ne frotte nostre lard.

Floridon.

Tu te mocques Mercier au fort de la tempeste.

Le Mercier.

Ne failloit en son champ ficher vostre houlette.

Floridon. Encore en irons nous?

Mercier. Bien loin dela le pain,

Et encore par delà.

Floridon. Quoy mourrons nous de faim?

Mercier.

Non si vous pouuez dire
Les petits mots de gueux, nous aurons dequoy frire
Or notez qu'vn Seigneur est vn homme gallant,
Qui dans les chams de mars s'estant monstré vaillant
Le Roy en parchemin vne lettre luy donne:
Qui du tiltre de noble à iamais le guerdonne,
Ainsi noble ie fus: mais aduint vn matin,
Qu'ayant laissé tomber ma lettre en parchemin,
Vn rat qui la trouua, la mangea de finesse,
Si bien qu'en fin le rat eut pour moy la noblesse:
Or sont de ces Seigneurs qu'il conuient aborder,
Et à eux qu'il nous faut l'aumosne demander.

Floridon.

Doncques enseigne moy la façon plus subtille.

De demander ainsi pauure de ville en ville,
Sort plus que le malheur mille fois malheureux.

Mercier.

Pren que ie sois vn noble & tu feras le Gueux,
Cependant que monté sur mon coursier ie passe,
Que dire pourras-tu d'vne assez bonne grace?

Floridon

Monsieur ayez pitié de ce chetif Berger,
A qui l'on est venu ses thresors rauager.

Le mercier.

Ie n'ay point de monnoye, or pource ne retourne,
Ainstant qu'il t'ait donné, loing de luy ne seiourne.

Floridon.

Ie le veux, monseigneur, las vn pauure homme errant
Obligez d'vn aumosne!

Le Mercier.

Es tu pas assez grand?
Vat en gaigner ton pain.

Floridon.

Las! vostre seigneurie.

Mercier.

Tu m'importune trop.

Floridon.

A mon regret ie prie.

Mercier.

Ores cela va bien, cheminons vistement,
Vn corps frais massacré, gist pres ce monument.

Floridon.

Helas! c'est ma florice! ô ciel darde tempeste!
O furie! demons! ô infernalle peste!
Broyez ce corps lascif, & ce pariure chef

Accablez de fureur, d'horreur & de meschefs,
Sus que le mesme fer qui perça sa poictrine
Me rende entre les mains d'vne implacable Eryne.

Mercier.

Monsieur arrestez vous, beuuez vn peu de vin
Auant que de descendre en l'infernal chemin,
Il y a loing d'icy.

Floridon.

Tire toy, ou ma lame
Outrepersant ton corps fera voler ton ame.

Mercier.

Ie vous en remercie il n'en est pas besoing,

Floridon.

D'enseuelir nos corps prend donc ores le soing,
Car c'est fait que de moy.

Mercier

Las il prend la parole
S'en est fait, s'en est fait, il a ioué son role:
Mais le valet tousiours doit le maistre suiuir,
Donc i'iray apres luy afin de luy seruir
S'il s'esgare en chemin, ou si quelque querelle,
Il a contre pluton & toute sa sequelle,
Car ie m'y mesleray & a grands coups de poing,
Diables & diablotins i'enuoyeray bien loing:
Mais vn mort s'assied-il? nenny, car quand i'y pense
Ie vis hier vn estron, sauf vostre reuerence,
Qui estoit debout & si il estoit mort,
Ie veux doncques mourir: parbieu i'aurois grand
tort,
Si ie me faisois mal, i'ayme donc bien mieux viure.
Mais c'estoit mon amy, il me le faut donc suiure.
Hé, ie ne boirois plus, ne nous tuons donc point,

Ce seroit trop manquer de courage au besoin,
Sus sus doncques mourons, reuisitons le lethe,
Et quand ie seray mort qui auroit ma banette,
Rhubans, bonnets, lassess: c'est tout vn ie mourray:
Ie n'en suis point d'auis, si feray, non feray:
Car estant aux enfers i'aurois tousiours enuie
De venir requerir bannette & mercerie.
A dieu donc Floridon, ie vay dans ce hameau
Voir si quelqu'vn pourra me donner du gasteau:
Car le dueil de ma mort m'a rendu si debile,
Que i'en mangerois bien que ie croy plus de mille.

Melidor.

Voicy l'heure & le iour qu'vn aymable destin
Me rend vne Cypris pour soluable butin?
Voicy l'heure & le temps que d'vne onde argentine,
Ie dois remettre au iour ceste beauté diuine:
Et voicy le sejour, cent fois heureux sejour,
Des beautez de Cythere, & des flammes d'amour;
Sejour où paroistront les rais de mon aurore,
Que de cent mille fleurs pour son respect i'honore:
Qui doiuent dissiper les brouillards amoureux,
Qui les fleurs de mes ans consomment langoureux,
Dont sacré monument que cent fois ie te baise,
Et te baise cent fois pour moderer ma braise:
Tu es doncques ouuert, & aux raiz de mes yeux
Ie vois cet œil dompteur des hommes & des Dieux!
Osay-ie auec respect ores toucher ta bouche?
Non, la diuinité ne permet que i'y touche?
Puis c'est peu qu'vn baiser si le reste n'ensuit:
Quelle fureur me tient? deesse qu'ay-ie dit?

Helas pardonne moy ce discours temeraire !
Pourquoy me pardonner ? ne peus-ie m'en distraire,
Veu qu'vn Dieu tout puissant me force à te cherir,
Et d'vn accouplement me force le desir ?
Doncques versant cét eau par trois fois sur ta face,
Faut que ce passe teint en vn moment s'efface:
Ia ses yeux esueillez s'entrouurent doucement,
Esloignons pour vn temps ce subtil mouuement.

Caliante.

D'ou vient que peu à peu dilattant la paupiere.
Ie commence à reuoir la celeste lumiere ?
Ou suit-je ! helas bons Dieux, suis-je dans vn tombeau,
Pour auoir de mes iours deuidé le fuseau ?
Non ie ne fus onc morte, vne fourbe rusée :
M'a, que i'estime, ourdy ceste estrange fusée :
Mais ie voy Melidor, i'approcheray de luy,
Pour sçauoir quel malheur me cause cet ennuy:
Melidor, que fais-tu pensif sous ce feuillage ?

Melidor.

Ie recherche l'obiect dont l'aspect me soulage,
Vous l'obiect de mes feux à qui ie viens offrir
Mon amour ou plustost vn desir de mourir,
De mourir en viuant & de si douce sorte,
Que le fruict de l'amour, mon amour en rapporte:
Doncques permettez moy de iouyr d'vn baiser,
Puis vueillez en ce lieu mes ardeurs appaiser.

Caliante.

Appaiser tes ardeurs, oses-tu bien prophane,
Contemner le respect que l'on doit à Diane.

Melidor.

Ne pensez contre moy ores vous rebeller.

Caliante.

Me rebeller, bons Dieux, veux-tu me violer?

Melidor.

Ou bien manquant d'amour.

Caliante.

D'amour non de finesse.
Ton impudique regne eschappant de vitesse.

Melidor.

Tu fuis mais te suiuant à la fin ie t'auray,
Et lors de mon amour paisible iouiray.

Caliante.

Ie suis ore eschappée, helas! quel spectacle
S'oppose à mon bon heur pour vn dernier obstacle!
Quoy ma sœur tu es morte, & viure ore apres toy
Au sort de mille morts, ie ne vy que d'esmoy:
Doncques puis que tu es souz la tombe blesmie,
Que ma pudique fleur est meschamment flestrie,
Ie ne veux plus suruiure, ains d'vn acier pointu
Mon corps demeurera souz la parque abbatu.

Melidor.

O cruelle cent fois plus cruelle que l'Ourse,
Tu as beau me fuir ie t'auray à la course:
Quelle pille de corps se presente à mes yeux?
Las! qui sont ceux qui morts ie rencontre en ces
lieux?
Ha ciel! ma Caliante a d'vne iuste lame
Separé depuis peu le corps d'auec son ame,
Et moy ie suruiuray apres ce triste sort,

Non, non i'auray recours à la prochaine mort :
Donc acier qui perças sa poictrine negeuse,
Sus plonge mon esprit dans l'onde stigieuse.

ACTE V.

Le Sacrificateur.

Vel estrange mal-heur ! quel funeste accident
Le Ciel va courroucé sur son chef espandant !
Le croissant corbeau dont l'horrible murmure,
M'acompagne sans fin, rien de bon ne m'augure,
L'amarante flestrie & nos mignards ruisseaux
Qui esleuent en monts leurs ondoyantes eaux,
M'asseurent que des Dieux la prochaine vengeance
De n'esperer plus rien me donne l'esperance :
Que pourrois-ie esperer au fort du desespoir
Que i'ay de mon cher fils que ie ne puis reuoir ?
Veu qu'encor que l'effect à mon desir conforme
Ie l'eusse, il me faudroit, meurtre par trop enorme,
L'offrir en sacrifice au courroux immortel,
Et de son rouge sang empourprer nostre autel ?
O estrange malheur ! ô cruelle misere !
Qu'il faille que le fils soit deffait par le pere,
Encor cherit, encor sur cét autel ie veux
Offrir la pureté de mes gemissans vœux,
Afin que les bourgeois de l'Olimpique voute,

Le salut de mon fils ne reuocquent en doute;
Celestes immortels dans le bras tout puissant
Darde sur le rebelle vn foudre rougissant;
Si iamais d'vn pecheur vous remistes la faute,
Tesmoignage certain d'vne cremence haute,
Pardonnez à mon fils, ou flechis par mes plains,
Faictes que par la voix de vos Oracles saints
Ie sçache le seiour, qui loingtain le recelle
Pour amoindrir l'aigreur de ma peine cruelle.

l'Oracle.

Arrestez le cours de ces larmes,
De ces cris & de ces sanglots,
Car contre les traicts d'Atropos,
Se sont de trop debiles armes,
Targuez vous donc de la constance,
Puis que la mort de Cupidon,
Ont vaincu vostre Floridon
Au plus fort de sa resistance.
Or il mesure la poussiere,
Auec Floriee, & Melidor,
Caliante s'y void encor,
Comme eux priuée de lumiere.

Le Sacrificateur.

O estrange nouuelle! ô cruel accident,
Incroyable entre nous, toutes-fois euident!
Las il n'est que trop vray, car l'Oracle celeste
L'auguré confirmant le rend trop manifeste,
Et le recognoissant bergers mon cher soucy,

Priué de vos beaux yeux ie suruiuray icy?
Non, non, ie veux mourir mais auant que mon ame
Cede mon passé corps à la sombreuse flamme,
Ie veux mes chers enfans d'vn sainct embrassement
Vous honorant chercher vn pareil mouuement:
Cieux, ie les apperçois, ie voy ie voy ma race,
Dont le sang innocent empourpre ceste place,
Pourquoy cruel destin animé contre nous
Lances-tu sur nos chefs tant de traicts de courroux?
Et vous souuerain Dieu monarque d'Arcadie,
A qui cent fois le iour mille vers ie dedie,
Dont ie fais parfumer les autels embausmez
Par les oblations en ces lieux estimez,
N'aurez vous point pitié du tourment qui m'op-
presse?
Las! faites suppléer ma tremblante vieillesse,
Au defaut de leur aage à leur temerité
Bien fait que ie cognois n'auroir pas merité:
Mais ce qui se desnie à leur insuffisance
Concedez-le du moins à vostre alme clemence.

Mercure.

Ta prieré entenduë en la voute celeste,
Ie viens pour mettre fin au dueil qui te moleste:
Voicy le Caducée en pouuoir nompareil,
Dont le moindre toucher leur dessillera l'œil:
Contemples donc des Dieux la puissante merueille.

Le Sacrificateur.

O miracle euident! le voila qui s'esueille:

Sons

Le Mercier inuentif.

Sons Dieux ie saute d'aise en les voyant ainsi
Retourner estonnes du Royaume noircir.

Floridon.

Quel seiour me retient ? quelle estrange brisée
Me fait si tost quitter la campagne Elisée ?

Melidor.

D'ou vient qu'encore vn coup, ô lumiere des cieux
De tes rais iaunissans tu dessile mes yeux?

Caliante.

Ne voy-ie Melidor ?

Melidor.

Est-ce toy Caliante ?

Floridon.

Ne voy-ie pas encor suruiure mon amante?

Florice.

Ie te reuoy cruel, & l'iniuste destin
Veut-il qu'encor ie serue à ton feu de butin ?

Mercure.

Appaisez ces regrets que rien ne vous estonne,
Oyant ce que pour vous le iuste ciel ordonne:
Florice aduancez donc, & vostre Floridon
Blessé pour vous au vif des traits de Cupidon,
Acceptez auiourd'huy souz vn sainct Hymnée,
Tel est l'arrest donné de vostre destinée.

Floridon.

Ie rends graces aux Dieux.

Florice.

Et moy pareillement.

Floridon.

Confirmons donc l'arrest par vn embrassement ?

Mercure.

Ainsi les imitant, Melidor & Florice,

Le Mercier inuentif.

Proposez vous de faire à l'Amour sacrifice.

Melidor.

I'y suis tout disposé.

Caliante.

C'est tout mon seul desir.

Le Sacrificateur.

Ie me sens tout rauy & d'aise & de plaisir.

Melidor.

Approche donc mon cœur, que le miel de ta bouche,
M'assigne au doux plaisir de la nopciere couche.

Le mercier.

Que i'ay le ventre sec, ie croy bien qu'au trauers,
L'Astrologue pourroit contempler les enfers :
Car depuis mon depart ie n'ay en nulle place
Peu trouuer souz ma main de bonne soupe grasse,
C'est pourquoy derechef ie reuiens en ces lieux,
Ou pour ne point ieusner ie me suis trouué mieux;
Et quoy? mon Floridon austix n'est allé boire
Ie veux sçauoir icy de fil en fil l'histoire.

Le Sacrificateur.

Enfans puis que le Ciel benin à mes clameurs,
Fait que pres de mourir encore ie ne meurs,
Pour honorer encor vostre feste nopciere,
Ie veux faire vn festin d'vne estrange maniere,
Esgorgez les moutons, & dedans les filets
Allez prendre subtils les peu cauts oyselets,
Que l'vn dans mon iardin d'vne couide denchante
Façonne par arceaux vne voute plaisante,
Pour à l'ombrage frais de ces feuillus rameaux,

Noyer dedans le vin l'horreur de nos trauaux,
Bergeres façonnez quelque laict my caillé,
De roses & d'œillets richement esmaillé.

Le mercier.

Que ie suis bien venu pour mon ventre refaire:
Ores s'il me donnoient quelque grand four à faire
Ie n'oublirois la gueulle, où te viens tu cacher?
Il a mangé sa souppe, il en est à la chair.

Sacrificateur.

Mais auant que partir, ie vous prie me dire
Qui vous a secouru pendant vostre martyre?

Floridon.

Ce fut le seul Mercier.

Sacrificateur.

Et à vous.

Melidor.

Le Mercier.

Sacrificateur.

Et à vous.

Florice.

Le Mercier.

Sacrificateur.

Et à vous.

Caliante.

Le Mercier.

Le Mercier.

Au diable du Mercier, où te pourrois-tu mettre?
On te va enuoyer vn beau pacquet de lettre,

Si i'estois au pois entrelardé de gens,
Ie penserois auoir vn quartron de Serpens
Tenant mon haut de chausse en guise d'esguillettes
Adieu ma mercerie, esgrugeoirs, espoussettes !
Helas, c'est faict de moy, ia ils m'ont ia conceu
De fuir promptement.

Sacrificateur.

Mais ditte en quelle place
Pourroit on bien trouuer cette meschante race?

Mercier.

Hé! ce n'est pas icy, hà Dieux! ie suis perdu,
I'en serois bien ioyeux.

Floridon.

Ie le voy ce me semble.

Sacrificateur.

Sus, sus, courez apres, allez y tous ensemble.

Floridon.

I'aduance sur ce pas.

Melidor.

Moy ie le suy par cy.

Mercier.

Et moy ie fuy par là.

Floridon.

Ie suis las.

Melidor.

Moy aussi.

Floridon.

Sus doncques retournons, auec la diligence
Nous n'auons peu l'auoir.

Le sacrificateur.

I'en auray la vengeance.

Mercier.

Tu en auras menty.

Sacrificateur.

Quel vergongne ô cieux
De me voir gourmander de ce pernicieux?

Mercure.

Qu'vn si foible subiet ne prouocque vostre ire,
Qu'vn si foible subiet vostre ame ne martyre:
Songez tant seulement aux nopciers appareils,
Aux dances, aux festins, & qu'ils soient nompareils;
Voila ce qui vous doit soucier à ceste heure,
Sans brouiller le plaisir que ce iour vous bien-heure.

Florice.

Ha quest-ce que ie sens? de peur le cœur me fend.

Mercier.

Pardonnez ie vous prie à ce chetif enfant
Qui ne fait que de naistre.

Sacrificateur.

O ame detestable,
Ie payeray ton forfaict d'vn tourment équitable,
Non ne le tuez pas, car ie veux de ce fer
Enuoyer son esprit dans le palus d'enfer.

Le Mercier.

Ha Messieurs les Bergers, ie sçay que mon offence
Fait qu'ores ie merite vne bonne potence:
Mais ma foy d'vn bon cœur ie vous en faits present,
Promettant que iamais ie n'en prendray d'argent.

Mercure.

Le Ciel vous pardonnant, ie veux qu'on luy pardonne.

Tous.

Tous, nous le consentons, puisque le Ciel l'ordonne.

Mercier.

Vous me donnez donc?

Tous.

Nous l'entendons ainsi.

Mercier.

Et moy gentils Bergers, ie vous pardonne aussi.

Mercure.

Sus amans suiuez moy au temple de Cyprine,
Pour offrir sur l'autel de sa beauté diuine,
Vos cœurs flambans d'amour, afin qu'vn sainct Hymen,
Les ioigne bien-heureux d'vn eternel lien.

Floridon.

Sus, sus allons ma belle embrasez de sa flamme
Offrir à sa bonté & nos vœux & nostre ame.

Mercier.

Et moy ores ie vay fort bien sacrifier
Mon ventre à la cuisine, ou plustost dedier
La cuisine à mon ventre ou en tournant la broche
Aucun ne me voyant auec ma main croche
Ie vous attrapperay quelque petit lardon
Beaucoup plus sauoureux qu'vn trait de Cupidon:
Ie feray pour la nopce vne sauce gentille,
Où la langue sera d'vn pleurard Cocodrille,
Les entrailes d'vn zest, la mouelle d'vn landier,
Le croupion d'vn pot, le sang d'vn chandelier,
Le plumage d'vn veau, les aislerons d'vn bœuf,
La prudence d'vn cul, les arreste d'vn œuf,
La qualité d'vn rien tout lardé d'Astrologues
Que ie fricasseray auec dix milles drogues:

Fricassez i'en feray quelque bon consommé,
Dont si quelqu'vn de vous l'a quelquefois aymé,
Qu'il tarde vn peu icy, qu'il tienne ses mains nettes,
Qu'il nettoye sa moustache auec des seruiettes:
Car il n'en aura point, nous autres finissant
Tous nous vous lairrons là, pour vous prendre en
passant.

FIN.

www.ingramcontent.com/pod-product-compliance
Ingram Content Group UK Ltd.
Pitfield, Milton Keynes, MK11 3LW, UK
UKHW012118240726
13965UKWH00005B/1824